INSTITUT ROYAL DE FRANCE.

A PARIS,

CHEZ FIRMIN DIDOT, IMPRIMEUR DU ROI, ET DE L'INSTITUT,

RUE JACOB, N° 24.

M. DCCC. XVII.

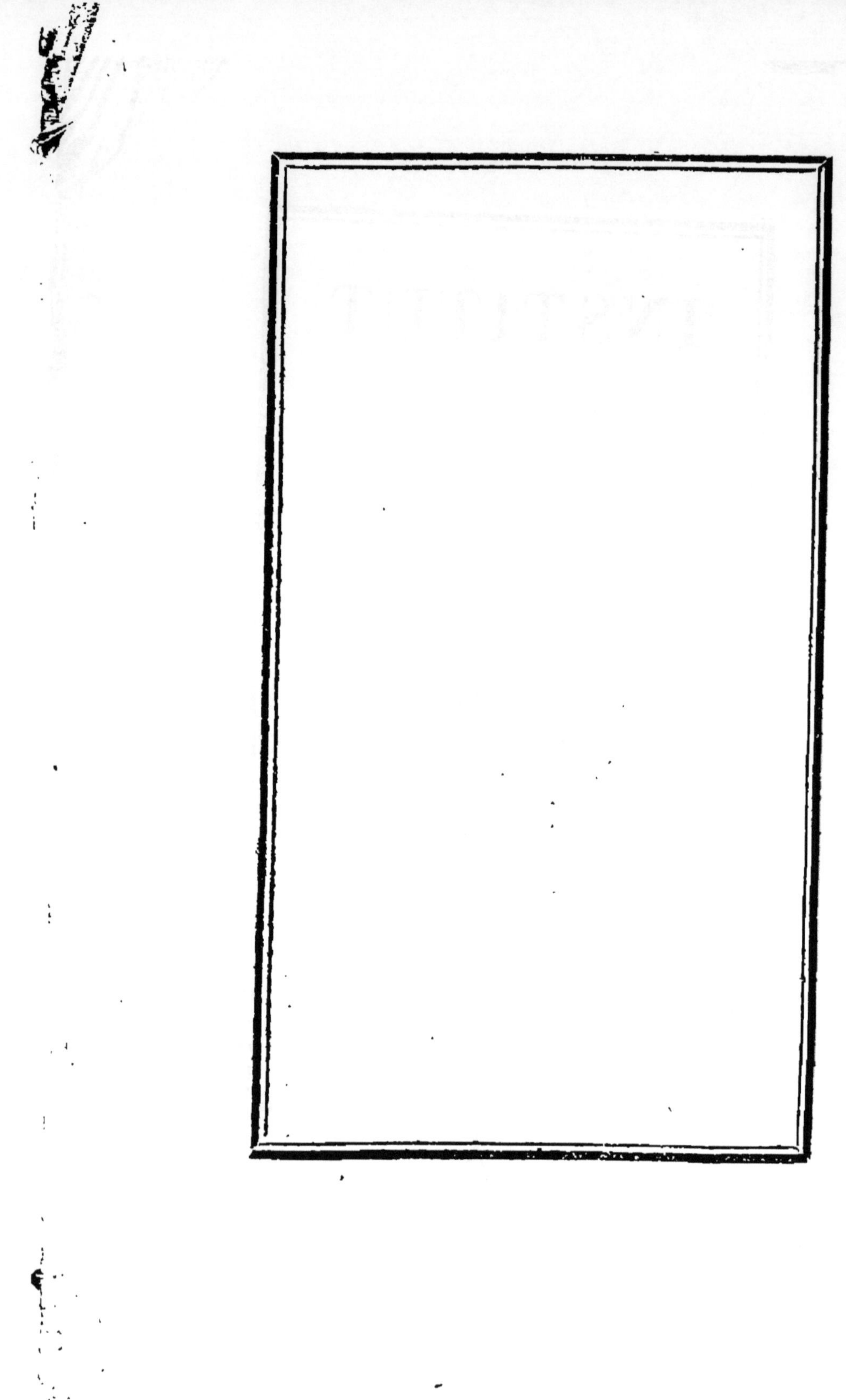

TABLE

DES ARTICLES.

Académie Royale des Inscriptions et Belles-Lettres.

Académie Royale des Sciences.

Académie Royale des Beaux-Arts.

ADMINISTRATION DE L'INSTITUT.

ORDONNANCE DU ROI

CONCERNANT LA NOUVELLE ORGANISATION DE L'INSTITUT.

Au château des Tuileries, le 21 mars 1816.

LOUIS, par la grace de Dieu, ROI DE FRANCE ET DE NAVARRE, à tous ceux qui ces présentes verront, SALUT.

La protection que les Rois nos aïeux ont constamment accordée aux sciences et aux lettres, nous a toujours fait considérer avec un intérêt particulier les divers établissemens qu'ils ont fondés pour honorer ceux qui les cultivent : aussi n'avons-nous pu voir sans douleur la chûte de ces académies, qui avaient si puissamment contribué à la prospérité des lettres, et dont la fondation a été un titre de gloire pour nos augustes prédécesseurs. Depuis l'époque où elles ont été rétablies sous une dénomination nouvelle, nous avons vu, avec une vive satisfaction, la considération et la renommée que l'Institut a méritées en Europe. Aussitôt que la divine Providence nous a rappelé sur le trône de nos pères, notre intention a été de maintenir et de protéger cette savante compagnie; mais nous avons jugé convenable de rendre à chacune de ses classes son nom primitif, afin de rattacher leur gloire passée à celle qu'elles ont acquise, et afin de leur rappeler à-la-fois ce qu'elles ont pû faire dans des temps difficiles, et ce que nous devons en attendre dans des jours plus heureux.

Enfin nous nous sommes proposé de donner aux académies une marque de notre royale bienveillance, en associant leur établissement à la restauration de la monarchie, et en mettant leur composition et leurs statuts en accord avec l'ordre actuel de notre gouvernement.

A CES CAUSES, et sur le rapport de notre ministre secrétaire d'état au département de l'intérieur;

Notre Conseil d'état entendu,

NOUS AVONS ORDONNÉ et ORDONNONS ce qui suit :

Art. 1er L'Institut sera composé de quatre académies, dénommées ainsi qu'il suit, et selon l'ordre de leur fondation, savoir :

L'académie française;

L'académie royale des inscriptions et belles-lettres ;

L'académie royale des sciences ;

L'académie royale des beaux-arts.

2. Les académies sont sous la protection directe et spéciale du Roi.

3. Chaque académie aura son régime indépendant, et la libre disposition des fonds qui lui sont ou lui seront spécialement affectés.

4. Toutefois l'agence, le secrétariat, la bibliothèque et les autres collections de l'Institut demeureront communs aux quatre académies.

5. Les propriétés communes aux

quatre académies, et les fonds y affectés, seront régis et administrés, sous l'autorité de notre ministre secrétaire d'état au département de l'intérieur, par une commission de huit membres, dont deux seront pris dans chaque académie.

Ces commissaires seront élus chacun pour un an, et seront toujours rééligibles.

6. Les propriétés et fonds particuliers de chaque académie seront régis en son nom par les bureaux ou commissions institués ou à instituer, et dans les formes établies par les réglemens.

7. Chaque académie disposera, selon ses convenances, du local affecté aux séances publiques.

8. Elles tiendront une séance pu-

blique commune, le 24 avril, jour de notre rentrée dans notre royaume.

9. Les membres de chaque académie pourront être élus aux trois autres académies.

10. L'académie française reprendra ses anciens statuts, sauf les modifications que nous pourrions juger nécessaires, et qui nous seront présentées, s'il y a lieu, par notre ministre secrétaire d'état au département de l'intérieur.

11. L'académie française est et demeure composée ainsi qui suit :

MM.

De Roquelaure, évêque de Senlis,
Suard, secrétaire perpétuel,
Ducis,
Le comte de Choiseul-Gouffier,

Morellet,
Le comte d'Aguesseau,
Le comte Volney,
Andrieux,
L'abbé Sicard,
Le comte de Cessac,
Villar,
Le comte de Fontanes,
Le comte François de Neufchâteau,
Le comte Bigot de Préameneu,
Le comte de Ségur,
Lacretelle aîné,
Le comte Daru,
Raynouard,
Picard,
Le comte Destutt-Tracy,
Lemercier,
Parseval-Grandmaison,
Le vicomte de Châteaubriand,
Lacretelle jeune,
Alexandre Duval,
Campenon,

Michaud,
Aignan,
De Jouy,
Baour Lormian,
De Beausset, évêque d'Alais,
De Bonald,
Le comte Ferrand,
Le comte de Lally-Tolendal,
Le duc de Lévis,
Le duc de Richelieu,
L'abbé de Montesquiou,
Lainé.

. . . .

. . . .

12. L'académie royale des inscriptions et belles-lettres conservera l'organisation et les réglemens actuels de la troisième classe de l'institut.

13. L'académie royale des inscriptions et belles-lettres est et demeure composée ainsi qu'il suit :

MM.

Dacier, secrétaire perpétuel,
Le comte de Choiseul-Gouffier,
Le comte Pastoret,
Le baron silvestre de Sacy,
Gossellin,
Daunou,
De Sales,
Dupont de Nemours,
Le baron Reinhard,
Ginguené,
Le prince de Talleyrand,
Le comte Garran de Coulon,
Langlès,
Pougens,
Le duc de Plaisance,
Quatremère de Quincy,
Le chevalier Visconti,
Le comte Boissy d'Anglas,
Millin,
Le baron de Gérando,

Dom Brial,
Petit Radel,
Barbié du Bocage,
Le comte Lanjuinais,
Caussin,
Gail,
Clavier,
Amaury Duval,
Bernardi,
Boissonnade,
Le comte de Laborde,
Walckenaer,
Vanderbourg,
Quatremère (Étienne),
Raoul-Rochette,
Letronne,
Mollevaut.

. . . .

. . . .

. . . .

14. L'académie royale des sciences

conservera l'organisation et la distribution en sections de la première classe de l'Institut.

15. L'académie royale des sciences est et demeure composée ainsi qu'il suit :

SECTION Ire. — *Géométrie.*

MM.

Le comte Laplace,
Le chevalier Legendre,
Lacroix,
Biot,
Poinsot,
Ampère.

SECTION II. — *Mécanique.*

MM.

Périer,
De Prony,

Le baron Sané,
Molard,
Cauchy,
Bréguet,

Section III. — *Astronomie.*

MM.

Messier,
Cassini,
Lefrançais-Lalande,
Bouvard,
Burckhardt,
Arago.

Section IV. — *Géographie et Navigation.*

MM.

Buache,
Beautemps-Beaupré,
Rossel.

SECTION V.—*Physique générale.*

MM.

Rochon,
Charles,
Lefévre-Gineau,
Gay-Lussac,
Poisson,
Girard.

SECTION VI.—*Chimie.*

MM.

Le comte Berthollet,
Vauquelin,
Deyeux,
Le comte Chaptal,
Thenard,
Proust.

Section VII. — *Minéralogie.*

MM.

Sage,
Haüy,
Duhamel,
Lelièvre,
Le baron Ramond,
Brongniart.

Section VIII. — *Botanique.*

MM.

De Jussieu,
De Lamarck,
Desfontaines,
Labillardière,
Palisot-Beauvois,
Mirbel.

Section IX. — *Economie rurale.*

MM.

Tessier,
Thouin,
Huzard,
Silvestre,
Bosc,
Yvart.

Section X. — *Anatomie et Zoologie.*

MM.

Le comte Lacépède,
Richard,
Pinel,
Le chevalier Geoffroy-Saint-Hilaire,
Latreille,
Duméril.

SECTION XI. — *Médecine et Chirurgie.*

MM.

Le Chevalier Portal,
Le chevalier Hallé,
Le chevalier Pelletan,
Le baron Percy,
Le baron Corvisart,
Deschamps.

M. le chevalier Delambre, secrétaire perpétuel pour les sciences mathématiques.

M. le chevalier Cuvier, secrétaire perpétuel pour les sciences physiques.

16. L'académie royale des beaux-arts conservera l'organisation et la distribution en sections de la quatrième classe de l'Institut.

17. L'académie royale des beaux-arts est et demeure composée ainsi qu'il suit :

SECTION Ire. — *Peinture.*

MM.

Vanspaendonck,
Vincent,
Regnault,
Taunay,
Denon,
Visconti,
Menageot,
Gérard,
Guérin,
Le Barbier aîné,
Girodet,
Gros,
Meynier,
Vernet (Carle).

SECTION II. — *Sculpture.*

MM.

Roland,

Houdon,
Dejoux,
Lemot,
Cartellier,
Lecomte,
Bosio,
Dupaty.

SECTION III.—*Architecture.*

MM.

Gondoin,
Peyre,
Dufourny,
Heurtier,
Percier,
Fontaine,
Rondelet,
Bonnard.

SECTION IV. — *Gravure.*

MM.

Bervic,
Jeuffroy,
Duvivier,
Desnoyers (Auguste).

SECTION V. — *Composition musicale.*

MM.

Méhul,
Gossec,
Monsigny,
Grandménil,
Chérubini,
Lesueur,
M. secrétaire perpétuel.

18. Il sera ajouté, tant à l'académie royale des inscriptions et belles-lettres, qu'à l'académie royale des

sciences, une classe d'académiciens libres, au nombre de dix pour chacune de ces deux académies.

19. Les académiciens libres n'auront d'autre indemnité que celle du droit de présence.

Ils jouiront des mêmes droits que les autres académiciens, et seront élus selon les formes accoutumées.

20. Les anciens honoraires et académiciens, tant de l'académie royale des sciences, que de l'académie royale des inscriptions et belles-lettres, seront, de droit, académiciens libres de l'académie à laquelle ils ont appartenu.

Ces académiciens feront les élections nécessaires pour compléter le nombre de dix académiciens libres dans chacune d'elles.

21. L'académie royale des beaux-arts aura également une classe d'académiciens libres, dont le nombre sera déterminé par un réglement particulier, sur la proposition de l'académie elle-même.

22. Notre ministre secrétaire d'état au département de l'intérieur, soumettra à notre approbation les modifications qui pourraient être jugées nécessaires dans les réglemens de la première, de la troisième, et de la quatrième classe de l'Institut, pour adapter lesdits réglemens à l'académie royale des sciences, à l'académie royale des inscriptions et belles-lettres, et à l'académie royale des beaux-arts.

23. Il sera, chaque année, alloué au budget de notre ministre secré-

taire d'état de l'intérieur, un fonds général et suffisant pour payer les traitemens conservés et indemnités aux membres, secrétaires perpétuels, et employés, des quatre classes de l'Institut, ainsi que pour les divers travaux littéraires, les expériences, impressions, prix, et autres objets.

Le fonds sera réparti entre chacune des quatre académies qui composent l'Institut, selon la nature de leurs travaux, et de manière à ce que chacune d'elles ait la libre jouissance de ce qui sera assigné pour son service.

24. Tous les membres qui ont appartenu jusqu'à ce jour à l'une des quatre classes de l'Institut, conserveront la totalité de leur traitement.

25. Sont maintenus les décrets et

réglemens qui ne contiennent aucune disposition contraire à celles de la présente ordonnance.

26. Notre ministre secrétaire d'état au département de l'intérieur est chargé de l'exécution de la présente ordonnance.

Donné au château des Tuileries, le 21 Mars de l'an de grace 1816, et de notre règne le vingt-unième.

Signé LOUIS.

Par le Roi :

Le ministre secrétaire d'état de l'intérieur,

Signé VAUBLANC.

Certifié conforme par nous

Garde des sceaux de France, ministre secrétaire d'état au departement de la justice,

BARBÉ-MARBOIS.

ACADÉMIE FRANÇAISE.

CHANGEMENS

ARRIVÉS

PARMI LES MEMBRES,

DEPUIS

L'Ordonnance du Roi du 21 Mars 1816.

Pour compléter les quarante,

L'Académie a élu dans sa séance du 11 avril 1816, MM. AUGER, et le comte LAPLACE.

M. DUCIS, élu en 1779, et à l'Institut le 12 décembre 1795, mort le 1er avril 1816.

Remplacé par M. DE SÈZE, le 22 mai 1816.

ÉTAT ACTUEL
DE L'ACADÉMIE FRANÇAISE.

(Au 1er janvier 1817.)

Le comte DE ROQUELAURE (Jean-Armand), évêque de Senlis.

SUARD (Jean-Baptiste-Antoine).

Le comte de CHOISEUL-GOUFFIER (Marie-Gabriel-Florent-Auguste).

MORELLET (André).

Le comte D'AGUESSEAU (Henri-Cardin-Jean-Baptiste).

Le comte VOLNEY (Constantin-François).

ANDRIEUX (François-Guillaume-Jean-Stanislas).

L'abbé SICARD (Roch-Ambroise).

Le comte de CESSAC (Jean-Gérard LACUÉE).

VILLAR (Gabriel).

Le comte de FONTANES (Louis).

Le comte FRANÇOIS DE NEUFCHATEAU (Nicolas).

Le comte BIGOT DE PRÉAMENEU (Félix-Julien-Jean).

LE comte de SÉGUR (Louis-Philippe).

LACRETELLE l'aîné (Pierre-Louis).

Le comte DARU (Pierre-Antoine-Noël-Bruno).

RAYNOUARD (François-Just-Marie).

PICARD (Louis-Benoît).

Le comte DE TRACY (Antoine-Louis-Claude DESTUTT).

LEMERCIER (Népomucène-Louis).

PARSEVAL-GRANDMAISON (François-Auguste).

Le vicomte DE CHATEAUBRIAND (François-Auguste).

LACRETELLE le jeune (Charles).

Duval Pineu (Alexandre-Vincent).
Campenon (Vincent).
Michaud (Joseph).
Aignan (Étienne).
De Jouy (Joseph-Étienne).
Baour-Lormian (Pierre-Marie-François-Louis).
De Beausset (Louis-François), évêque d'Alais.
De Bonald (
Le comte Ferrand (
Le comte de Lally-Tolendal (

Le duc de Levis (
Le duc de Richelieu (

L'abbé de Montesquiou (

Lainé (
Auger (Louis-Simon).

Le comte LAPLACE (Pierre-Simon).
DE SÈZE (Raymond).

SECRÉTAIRE-PERPÉTUEL-Trésorier,
SUARD (Jean-Baptiste-Antoine).

Commission du dictionnaire de la langue française, confirmée par l'ordonnance du Roi du 9 juillet 1816.

Messieurs,

MORELLET,
L'abbé SICARD,
SUARD, secrétaire-perpétuel-trésorier.
VILLAR.

Commission pour administrer les propriétés et fonds particuliers de l'Académie.

Messieurs,

SUARD, secrétaire-perpétuel-trésorier,
RAYNOUARD,
Le comte DARU.

ACADÉMIE ROYALE
DES INSCRIPTIONS ET BELLES-LETTRES.

CHANGEMENS ARRIVÉS
PARMI LES MEMBRES
DEPUIS
L'Ordonnance du Roi du 21 mars 1816.

Pour se compléter, l'Académie a élu dans les séances des 5 et 12 avril 1816, MM. Abel Remusat, de Chezy, et Éméric-David.

L'article 20 de l'Ordonnance du Roi, concernant la nouvelle organisation de l'Institut, rappelant dans la Classe des Académiciens libres, les anciens académiciens qui n'étaient pas membres de l'Institut, MM. LEVÊQUE DE POUILLY et M. LAURENT, marquis de VILLEDEUIL, qui avaient appartenu à l'ancienne Académie Royale des Inscriptions et Belles-Lettres, ont été inscrits en tête de la liste des académiciens libres. L'Académie dans la séance du 2 août 1816 a élu, pour compléter le nombre de dix que l'ordonnance lui accorde,

Messieurs,

DAMBRAY, chancelier de France,
Le comte de BLACAS,
L'abbé de BÉTENCOURT,
L'abbé de MONTESQUIOU,
Le comte BARBÉ-MARBOIS,
FAURIS DE ST. VINCENT,
SCHWEIGHAEUSER,
Et le comte G. GARNIER.

M. Delisle de Sales. nommé le 6 décembre 1795, mort le 23 septembre 1816.

Remplacé par M. Raynouard, le 25 octobre 1816.

M. Ginguené, élu le 10 décembre 1795, mort le 16 novembre 1816.

Remplacé par M. Tochon d'Annecy, le 13 décembre 1816.

M. le comte Garran de Coulon, élu le 14 décembre 1795, mort le 19 décembre 1816.

Remplacé par M.

CHANGEMENS

ARRIVÉS

PARMI LES CORRESPONDANS,

DEPUIS LE 1er JANVIER 1816 JUSQU'AU 1er JANVIER 1817.

M. MOLLEVAÚT, à Nancy, nommé membre de l'Académie par l'Ordonnance du Roi du 21 mars 1816.

M. DE SÈZE, à Bordeaux, élu de l'Académie Française le 22 mai 1816.

M. le comte Germain GARNIER, à Versailles, élu académicien libre le 2 août 1816.

M. SCHWEIGHAEUSER, à Strasbourg, élu académicien libre le 2 août 1816.

M. LEVÊQUE DE POUILLY, à Reims, rentré dans la classe des académiciens libres, par l'ordonnance du Roi du 21 mars 1816.

M. FAURIS DE ST. VINCENT, à Aix, élu académicien libre le 2 août 1816.

ÉTAT ACTUEL DE L'ACADÉMIE ROYALE DES INSCRIPTIONS ET BELLES-LETTRES.

(Au 1er janvier 1817.)

DACIER (Bon-Joseph.)

Le comte de CHOISEUL-GOUFFIER (Marie-Gabriel-Florent-Auguste).

Le comte PASTORET (Claude-Emmanuel-Joseph-Pierre).

GOSSELLIN (Paschal-François-Joseph).

Le baron SILVESTRE DE SACY (Antoine-Isaac).

DAUNOU (Pierre-Claude-François).

DUPONT (de Nemours) (Pierre-Samuel).

Le baron REINHARD (Charles).

Le prince de TALLEYRAND (Charles-Maurice).

LANGLÈS (Louis-Matthieu).

POUGENS (Marie-Charles-Joseph).

Le duc de PLAISANCE (Charles-François LE BRUN).

QUATREMÈRE DE QUINCY (Antoine-Chrysostôme).

Le chevalier VISCONTI (Ennius-Quirinus).

Le comte BOISSY D'ANGLAS (François-Antoine).

MILLIN (Aubin-Louis).

Le baron DÉGÉRANDO (Marie-Joseph).

Dom BRIAL (Michel-Jean Joseph).

PETIT-RADEL (Louis-Charles-François).

BARBIÉ DU BOCAGE (Jean-Denis).

Le comte LANJUINAIS (Jean-Denis).

CAUSSIN (Jean-Jacques-Antoine).

GAIL (Jean-Baptiste).

CLAVIER (Étienne).

AMAURY DUVAL (Charles-Alexandre).

BERNARDI (Joseph-Elzéar-Dominique).

BOISSONADE (Jean-François).

Le comte de LABORDE (Alexandre-Louis-Joseph).

WALCKENAER (Charles-Athanase).

VANDERBOURG (Martin-Marie-Charles) BOUDENS.

QUATREMÈRE (Étienne-Marc).

RAOUL-ROCHETTE (Desiré).

LETRONNE (Antoine-Jean).

MOLLEVAUT (Charles-Louis).

ABEL-REMUSAT (Jean-Pierre).

DE CHEZY (Antoine-Léonard).

ÉMÉRIC-DAVID (Toussaint-Bernard).
RAYNOUARD (François-Just-Marie).
TOCHON D'ANNECY (Joseph-François).

SECRÉTAIRE PERPÉTUEL.

DACIER (Bon-Joseph).

ACADÉMICIENS LIBRES.

LEVÊQUE DE POUILLY,
LAURENT, marquis de VILLEDEUIL (Pierre-Charles).
Messire DAMBRAY (Charles-Henri).
Le comte de BLACAS (
L'abbé de BÉTENCOURT (
L'abbé de MONTESQUIOU (
Le comte BARBÉ-MARBOIS (François).
FAURIS DE SAINT-VINCENT (
SCHWEIGHAEUSER (
Le comte GARNIER (Germain).

ASSOCIÉS ÉTRANGERS.

JEFFERSON, à Philadelphie.
RENNELL, à Londres.
WILDFORT, à Calcutta.
S. A. Em. Charles baron DALBERG,
WYTTENBACH (Daniel), à Leyde.
WILKINS (Charles), à Hertford.

....

....

CORRESPONDANS.

LAROMIGUIÈRE, à Toulouse, *Haute-Garonne*, et à Paris, au lycée de Louis-le-Grand.
JACQUEMONT, à Hesdin, *Pas-de-Calais*.
PREVOST, à Genève.
LABÈNE, à Agen, *Lot-et-Garonne*.

Le chevalier LEGRAND-LALEU ✻, à Amiens, *Somme.*

MASSA, à Nice.

GALLOIS ✻, à Auteuil, *Seine.*

DUVILLARD, à Montmorency, *Seine-et-Oise,* et à Paris, rue des Noyers, n° 31.

LECLERC, à Chalonne, *Maine-et-Loire.*

BOINVILLIERS, à Douai, *Nord,* et à Paris, rue des Mathurins Saint-Jacques, n° 5.

RUFIN, à Constantinople.

PIEYRE, à Nîmes, *Gard.*

BÉRENGER, à Lyon, *Rhône.*

FAUVEL, à Athènes.

Le chevalier RIBOUD, à Bourg ✻, *Ain.*

TRAULLÉ, à Abbeville, *Somme.*

HARLESS, à Erlang.

De Guignes, à Canton, et à Paris, rue des Bons-Enfans, n° 24.

Akerblad, à Stockholm.

Le chevalier Félix-Faulcon ※, à Poitiers, *Vienne*.

Levrier, à Amiens, *Somme*.

Delandine, à Lyon, *Rhône*.

Schnurrer, à Tubingue.

Scrofani, en Sicile.

Maine-Biran ※, à Grateloup, *Dordogne*.

Morelli, à Venise.

Vincens-Saint-Laurent, à Nîmes, *Gard*.

Coréa de Serra, à Lisbonne.

Rousseau, à Bassora.

Heeren, à Gœttingen.

Sestini, à Florence.

De Corancez ※, à Bagdad.

Eichhorn, à Gœttingen.

SARTORIUS, à Gœttingen.

DE HAMMER, à Vienne.

ARTAUD, à Lyon, *Rhône*.

LINDE, à Varsovie.

MUSTOXIDI, à Florence.

GRÄBERG DE HEMSÖ, à Gênes.

WILKEN, à Heidelberg.

DE CHOISEUL D'AILLECOURT, à Beauvais, *Oise*.

SIMONDE SISMONDI, à Genève.

DE BAILLOU, à Florence.

CHAMPOLLION-FIGEAC, à Grenoble, *Isère*.

DUBOIS-AYMÉ, à Serres, *Hautes-Alpes*.

GILLIES, à Londres.

L'abbé DE LA RUE, à Caen, *Calvados*.

REVER, à Conteville, près Pontaudemer, *Eure*.

SPENCER-STANHOPE, à Londres.

DUREAU DE LA MALLE, à Landres,

près Mortagne, *Orne*, et à Paris, rue de Louis-le-Grand, n° 11.

SALT, au Caire.

Le comte DEMETRIUS VALSAMACHI, à Céphalonie.

COMMISSIONS LITTÉRAIRES DE L'ACADÉMIE ROYALE DES INSCRIPTIONS ET BELLES-LETTRES.

Commissions réunies des Inscriptions et Médailles, et pour la continuation de l'Histoire Littéraire de la France, confirmées par l'Ordonnance du Roi du 9 juillet 1816.

Messieurs,

DACIER, secrétaire perpétuel.
Le chevalier VISCONTI.
QUATREMÈRE-DE-QUINCY.
PETIT-RADEL.
Le baron SYLVESTRE-DE-SACY.
Dom BRIAL.
DAUNOU.
AMAURY-DUVAL.

Commission des Travaux Littéraires chargée de surveiller la continuation de la Notice des Manuscrits, du Recueil des Ordonnances des Rois de France, et du Recueil des Historiens des Gaules et de la France, et autres travaux confiés à l'Académie Royale des Inscriptions et Belles-Lettres.

Messieurs,

Dom BRIAL.
LANGLÈS.
Le comte PASTORET.
Le baron SILVESTRE-DE-SACY.
DAUNOU.
CLAVIER.
CAUSSIN.
GAIL.
Et les Membres composant le Bureau.

Commission pour administrer les propriétés et fonds particuliers de l'Académie.

Messieurs,

DAUNOU.
PETIT-RADEL.
Et les Membres composant le Bureau.

ACADÉMIE ROYALE
DES SCIENCES.

CHANGEMENS ARRIVÉS
PARMI LES MEMBRES
DEPUIS
L'Ordonnance du Roi du 21 mars 1816.

M. Brochant de Villiers a été élu dans la section de *Minéralogie*, le 8 avril 1816, à la place de M. Duhamel, mort le 19 février 1816.

Conformément à l'article 20 de l'Ordonnance du Roi du 21 mars 1816, MM. les ducs de Brancas-Lauraguais et de

Noailles, qui avaient appartenu anciennement à l'Académie Royale des Sciences, ont été rappelés et inscrits en tête de la liste des Académiciens libres.

L'Académie pour compléter cette Classe a élu, dans les séances des 27 mai, 10 et 24 juin, 8 juillet, et 12 août,

Messieurs,

Le comte de Rosily-Mesros,
Héron de Villefosse,
Le marquis De Cubières,
Gillet de Laumont,
Le maréchal duc de Raguse,
Le baron de Lessert,
Le baron Maurice,
Et le baron Coquebert de Montbret.

CHANGEMENS ARRIVÉS

PARMI LES CORRESPONDANS,

Depuis le 1er janvier 1816, jusqu'au 1er janvier 1817.

M. BERNARD, à Trans, par Draguignan, élu le 22 janvier 1803, mort au mois d'août 1816.

Remplacé dans la section d'*Astronomie*, par M. POND, à Greenwich, ls 14 octobre 1816.

M. CAGNOLI, à Vérone, élu le 22 janvier 1803, mort en 1816.

Remplacé dans la section d'*Astronomie*, par M. BESSEL, à Koënigsberg, le 14 octobre 1816.

M. SCHROETER, à Lilienthal, élu le 23 mars 1807, mort le 29 août 1816.

Remplacé dans la section d'*Astronomie*, par M. MUDGE, à Woolwich, le 14 octobre 1816.

M. le baron COQUEBERT DE MONTBRET, à Meudon, élu le 24 avril 1801, a été élu académicien libre le 22 août 1816.

Remplacé dans la section de *Géographie et Navigation*, par M. LOEWENHORN, à Copenhague, le 25 novembre 1816.

M. MENDOZA, à Londres, élu le 22 janvier 1803, mort en 1816.

Remplacé dans la section de *Géographie et Navigation*, par M. MOREAU DE JONNÈS, à la Martinique, le 25 novembre 1816.

M. DECRELL, à Helmstadt, élu le 22 janvier 1803, mort dans le mois de juin 1816.

Remplacé dans la section de *Chimie*, par M. WOLLASTON, à Londres, le 2 décembre 1816.

M. GOSSE, à Genève, élu le 22 janvier 1804, mort le 1er février 1816.

Remplacé dans la section de *Chimie*, par M. DALTON, à Londres, le 2 décembre 1816.

M. PROUST, à Craon, élu le 22 janvier 1804, élu membre le 12 février 1816.

Remplacé dans la section de *Chimie*, par M. BERZELIUS, à Stockholm, le 2 décembre 1816.

M. GILLET DE LAUMONT, à Daumont, élu le 26 mars 1798, a été élu académicien libre le 24 juin 1816.

Remplacé dans la section de *Minéralogie*, par M. FLEURIAU DE BELLEVUE, à la Rochelle, le 2 décembre 1816.

M. le marquis de CUBIÈRES, à Versailles, élu le 19 février 1810, élu académicien libre le 10 juin 1816.

Remplacé dans la section d'*Économie Rurale*, par M. MICHAUD, à le 18 novembre 1816.

M. LE BLOND, à Mazille, *Nièvre*, élu le 22 janvier 1803, mort en 1816.

Remplacé dans la section d'*Économie Rurale*, par M. CLARKE, à Londres, le 18 novembre 1816.

ÉTAT ACTUEL DE L'ACADÉMIE ROYALE DES SCIENCES.

Section 1re. — *Géométrie.*

Le comte LAPLACE (Pierre-Simon).
LEGENDRE (Adrien-Marie).
LACROIX (Sylvestre-François).
BIOT (Jean-Baptiste).
POINSOT (Louis).
AMPÈRE (André-Marie).

Section II. — *Mécanique.*

PÉRIER (Jacques-Constantin).
De PRONY (Gaspard-Clair-François-Marie-Riche).

Le baron SANÉ (Jacques-Noël).
MOLARD (Claude-Pierre).
CAUCHY (Augustin-Louis).
BREGUET (Abraham-Louis).

Section III. — *Astronomie.*

MESSIER (Charles).
Le comte de CASSINI (Jean-Dominique).
LE FRANÇAIS-LALANDE (Michel-Jean-Jérôme).
BOUVARD (Alexis).
BURCKHARDT (Jean-Charles).
ARAGO (François-Jean-Dominique).

Section IV. — *Géographie et Navigation.*

BUACHE (Jean-Nicolas).
BEAUTEMPS-BEAUPRÉ (Charles-François).
DE ROSSEL (Élisabeth-Paul-Édouard).

Section V. — *Physique générale.*

ROCHON (Alexis-Marie).
CHARLES (Jacques-Alexandre-César).
Le chevalier LEFÈVRE-GINEAU (Louis).
GAY-LUSSAC (Louis-Joseph).
POISSON (Siméon-Denis).
GIRARD (Pierre-Simon).

Section VI. — *Chimie.*

Le comte BERTHOLLET (Claude-Louis).
Le chevalier VAUQUELIN (Nicolas).
DEYEUX (Nicolas).
Le comte CHAPTAL (Jean-Antoine).
THÉNARD (Louis-Jacques).
PROUST (Joseph-Louis).

Section VII. — *Minéralogie.*

SAGE (Balthazar-George).
HAUY (René-Just).

LELIEVRE (Claude-Hugues).

Le baron RAMOND (Louis-François-Élisabeth).

BRONGNIART (Alexandre).

BROCHANT DE VILLIERS (André-Jean-Marie).

Section VIII. — *Botanique.*

De JUSSIEU (Antoine-Laurent).

Le chevalier DE LAMARCK (Jean-Baptiste-Pierre-Antoine-Demonet).

DESFONTAINES (René).

LABILLARDIERE (Jacques-Julien).

Le baron DE BEAUVOIS (Ambroise-Marie-François-Joseph PALISOT).

MIRBEL (Charles-François BRISSEAU).

Section IX. — *Economie rurale.*

TESSIER (Henri-Alexandre).

THOUIN (André).

HUZARD (Jean-Baptiste).
SILVESTRE (Augustin-François).
BOSC (Louis-Augustin-Guillaume).
YVART (Jean-Augustin-Victor).

Section X. — *Anatomie et Zoologie.*

Le comte de LACÉPÈDE (Bernard-Germain-Etienne).
RICHARD (Louis-Claude).
PINEL (Philippe).
Le chevalier GEOFFROY SAINT-HILAIRE (Etienne).
LATREILLE (Pierre-André).
DUMÉRIL (André-Marie Constant).

Section XI. — *Médecine et Chirurgie.*

Le chevalier PORTAL (Antoine).
Le chevalier HALLÉ (Jean-Noël).

Le chevalier PELLETAN (Philippe-Jean).

Le baron PERCY (Pierre-François).

Le baron de CORVISART (Jean-Nicolas).

DESCHAMPS (Joseph-François-Louis).

SECRÉTAIRES PERPÉTUELS.

Le chevalier DELAMBRE (Jean-Baptiste-Joseph), pour les sciences mathématiques.

Le chevalier CUVIER (George-Léopold-Chrétien-Frédéric-Dagobert), pour les sciences physiques.

ACADÉMICIENS LIBRES.

Le duc de BRANCAS-LAURAGUAIS (

Le duc de NOAILLES (

Le comte de ROSILY-MESROS (François-Étienne).

HÉRON DE VILLEFOSSE (Antoine-Marie).

Le marquis de CUBIÈRES (Simon-Louis-Pierre).

GILLET DE LAUMONT (François-Pierre-Nicolas).

Le maréchal duc de RAGUSE (

Le baron de LESSERT (

Le baron MAURICE (Jean-Frédéric-Théodore).

Le baron COQUEBERT DE MONTBRET (Charles-Étienne).

ASSOCIÉS ÉTRANGERS.

Le chevalier BANKS, à Londres.

HERSCHEL, à Londres.

Le comte VOLTA, à Pavie.
KLAPROTH, à Berlin.
Le baron de HUMBOLDT, à Berlin.
JENNER, à Londres.
WERNER, à Freyberg, en Saxe.
WATT, à Londres.

CORRESPONDANS.

(*Nota.* Le réglement du 6 juin 1808 donne à chaque section le nombre de correspondans suivans.)

Section 1re. — *Géométrie.* (6).

LALLEMAND, à Bruxelles.
TEDENAT, à Nîmes, *Gard.*
Le commandeur de NIEWPORT, à Bruxelles.
GENTY, à Orléans, *Loiret.*
GAUSS, à Göttingue.
PAOLI, à Pise.

Section II. — *Mécanique.* (6).

MARESCOT, à Brest, *Finistère.*
FABRE, à Draguignan, *Var.*
Le chev. de WIEBEKING, à Munich
BÉTANCOURT, à Saint-Pétersbourg.
DUPIN, à Toulon, *Var.*
REICHEMBACH, à Munich.

Section III. — *Astronomie.* (16).

DANGOS, à Tarbes, *Hautes-Pyrénées.*
FLAUGERGUES, à Viviers, *Ardèche.*
SEPMANVILLE, à Évreux, *Eure.*
VIDAL, à Toulouse, *Haute-Garonne.*
DUVAUCEL, à Évreux, *Eure.*
PIAZZI, à Palerme.
Le comte ORIANI, à Milan.
Le baron de ZACH, à Marseille, *Bouches du Rhône.*
OLBERS, à Bremen.

HARDING, à Goettingen.

BURG, à Vienne.

FERRER, à la Havanne.

SVANBERG, à Stockolm.

POND, à Gréenwich.

BESSEL, à Koënigsberg.

MUDGE, à Woolwich.

Section IV. — *Géographie et Navigation.* (8).

Le baron LESCALLIER (C. *), à New-Yorck.

GENEST, à New-Yorck.

DE GUIGNES, à Canton, et à Paris, rue des Bons-Enfans, n° 24.

Le baron de KRUSENSTERN, à Saint-Pétersbourg.

De KRAYENHOFF, à Amsterdam.

DESAULSES DE FREYCINET ✱ (Louis-

Claude), à Brest, *Finistère*, et à Paris, barrière Pigal, maison Pinon.

LOEWENHORN, à Copenhague.

MOREAU DE JONNÈS, à la Martinique.

Section V. — *Physique générale*. (6).

Le chevalier PICTET ✻, à Genève.

DE LUC (de Genève), à Londres.

VAN SWINDEN, à Amsterdam.

VAN MARUM, à Harlem.

Le chevalier BLAGDEN, à Londres.

VASSALI EANDI, à Turin.

SCIENCES PHYSIQUES.

Section VI. — *Chimie*. (12).

SEGUIN, à Sèvres, *Seine-et-Oise*, et à Paris, rue de Varennes, vis-à-vis celle de Bourgogne.

VAN MONS, à Bruxelles,

NICOLAS, à Caen, *Calvados*.

CHAUSSIER ✻, à Dijon, et à Paris, rue Saint-Hyacinthe, n° 8.

WELTER, à Valenciennes, *Nord*.

LANDRIANI, à Vienne.

FABBRONI ✻, à Florence.

Le chevalier DE SAUSSURE, à Genève.

DAVY, à Londres.

WOLLASTON, à Londres.

DALTON, à Londres.

BERZELIUS, à Stockholm.

Section VII. — *Minéralogie*. (8).

SCHREIBERS, à Pezay, *Isère*.

PALASSOU, à Pau, *Basses-Pyrénées*.

REBOUL, à Pézénas, *Hérault*.

CORDIER, à Dijon, et à Paris, rue de Choiseul.

Le baron de MOLL, à Munich.
DE BUCH, à Berlin.
MENARD DE LA GROYE, au Mans, *Sarthe*, et à Paris, rue de Grenelle Saint-Germain, n° 89.
FLAURIAU DE BELLEVUE, à la Rochelle, *Charente-Inférieure.*

Section VIII. — *Botanique.* (10).

GOUAN, à Montpellier, *Hérault.*
GÉRARD, à Cotignac, *Var.*
Le baron PICOT-LAPEYROUSE, à Toulouse, *Haute-Garonne.*
BOUCHER, à Abbeville, *Somme.*
ORTÉGA, à Madrid.
THUNBERG, à Stockholm.
Le baron de JACQUIN, à Vienne.
DECANDOLLE, à Genève.
SWARTZ, à Stockholm.
BROWN, à Londres.

Section IX. — *Economie rurale* (10).

Le baron ROUGIER-LA-BERGERIE ✻, à Châlons-sur-Marne.

LAFOSSE, à Ville-Neuve-le-Roi, *Seine-et-Oise*.

Le baron DUMONT, à Courset, par Samer, *Pas-de-Calais*.

Le duc de LAROCHEFOUCAULD-LIANCOURT, à Liancourt, *Oise*.

MOREL DE VINDÉ, pair de France ✻, à la Celle-Saint-Cloud, *Seine-et-Oise*; et à Paris, rue Grange-Batelière, n° 1.

BRUGNONE, à Turin.

RIGAUD DE LILLE, à Grenoble, *Isère*.

VIBORG, à Copenhague.

MICHAUD, à

CLARKE, à Londres.

Section X. — *Anatomie et Zoologie.* (10).

LAUMONIER, à Rouen, *Seine-Inférieure.*

JURINE, à Genève,

SCARPA, à Pavie.

BLUMENBACH, à Gœttingen.

PROVENÇAL, à Montpellier, *Hérault,* et à Paris, rue de Savoie, n° 12.

SOEMMERING, à Munich.

Le chevalier ÉVERARD HOME, à Londres.

HUBER, père, à Lausanne.

TIEDEMAN, à Landshut.

Section XI. — *Médecine et Chirurgie.* (8).

BARAILON, à Chambon, *Creuze.*

Odier, à Genève,

Cotuni, à Naples.

Thomassin, à Besançon, *Doubs*.

Delpech, à Montpellier, *Hérault*.

Frank, à Vienne.

Orfila, à Marseille, *Bouches-du-Rhône*.

Callisen, à Copenhague.

Commission pour administrer les propriétés et fonds particuliers de l'Académie.

Messieurs,

LE LIÈVRE,
LACROIX,
Et les Membres composant le Bureau.

ACADÉMIE ROYALE

DES BEAUX-ARTS.

CHANGEMENS ARRIVÉS

PARMI LES MEMBRES

DEPUIS

L'Ordonnance du Roi du 21 mars 1816.

L'Académie a élu dans la séance du 30 mars 1816, M. QUATREMÈRE DE QUINCY, pour son secrétaire perpétuel.

Conformément à l'article 21 de l'Ordonnance du Roi du 21 mars 1816, qui accorde à l'Académie une classe d'Académiciens libres ; l'Académie a élu, dans les séances des 6 et 10 avril 1816,

Messieurs,

Le comte de VAUBLANC,
Le comte de BLACAS,
Le comte de VAUDREUIL,
Le comte de PRADEL,
CASTELLAN,
Le comte de TURPIN-CRISSÉ,
Le comte de CHOISEUL-GOUFFIER,
GOIS, père,
Le comte de FORBIN,
Et le vicomte de SENONNES.

M. GRAND-MÉNIL, élu le 24 août 1796, mort le 24 mai 1816.

Remplacé dans la section de *Com-*

position musicale, par M. BERTON, le 27 juillet 1816.

M. PAISIELLO, à Naples, élu associé étranger le 30 décembre 1809, mort le 5 juin 1816.

Remplacé par M.

M. ROLAND, élu le 15 décembre 1795, mort le 11 juillet 1816.

Remplacé dans la section de *Sculpture*, par M. RAMEY, le 24 août 1816.

M. VINCENT, élu le 12 décembre 1795, mort le 4 août 1816.

Remplacé dans la section de *Peinture*, par M. PRUD'HON, le 21 septembre 1816.

M. MÉNAGEOT, élu le 23 avril 1809, mort le 4 octobre 1816.

Remplacé dans la section de *Pein-*

ture, par M. Garnier, le 28 décembre 1816.

M. Dejoux, élu le 15 décembre 1795, mort le 18 octobre 1816.

Remplacé dans la section de *Sculpture*, par M. Lesueur, le 7 décembre 1816.

CHANGEMENS ARRIVÉS

PARMI LES CORRESPONDANS,

Depuis le 1er janvier 1816, jusqu'au 1er janvier 1817.

M. CAILLOT, à Saint-Germain-en-Laye, élu au mois de mars 1796, mort le 28 septembre 1816.

Remplacé par M.

M. CASTELLAN, à Autheil, *Seine-et-Marne*, élu le 28 janvier 1815, élu académicien libre le 6 avril 1816.

Remplacé par M. THÉVENIN, à Rome, le 20 avril 1816.

M. PORPORATI, à Turin, élu le 10 février 1804, mort le 16 Juin 1816.

Remplacé par M.

M. PRUD'HON, à Dijon, élu au mois de mars 1796, élu membre de la section de *Peinture*, le 21 septembre 1816.

Remplacé par M.

ÉTAT ACTUEL DE L'ACADÉMIE ROYALE DES BEAUX-ARTS.

Section 1re. — *Peinture.*

VAN SPAENDONCK (Gérard).
Le chev. REGNAULT (Jean-Baptiste).
TAUNAY (Nicolas-Antoine).
Le baron DENON (Dominique-Vivant).
Le chevalier VISCONTI (Ennius-Quirinus).
GÉRARD (François-Paschal-Simon).
GUÉRIN (Pierre-Narcisse).
LE BARBIER (Jean-Jacques-François).
GIRODET-TRIOSON (Anne-Louis).

Gros (Antoine-Jean).
Meynier (Charles).
Vernet (Carle-Antoine-Charles-Horace).
Prud'hon (Pierre-Paul).
Garnier (

Section II. — *Sculpture.*

Le chevalier Houdon (Jean-Antoine).
Lemot (François-Frédéric).
Cartellier (Pierre).
Lecomte (Félix).
Bosio (François).
Dupaty (Louis-Marie-Charles-Henri-Mercier).
Ramey (Claude).
Lesueur (Jacques-Philippe).

Section III. — *Architecture.*

GONDOIN (Jacques).
PEYRE (Antoine-François).
DUFOURNY (Léon).
HEURTIER (Jean-François).
PERCIER (Charles).
FONTAINE (Pierre-François-Léonard).
RONDELET (Jean).
BONNARD (Jacques-Charles).

Section IV. — *Gravure.*

BERVIC (Jean-Guillaume-Balvay).
JEUFFROY (Romain-Vincent).
DUVIVIER (Pierre-Simon-Benjamin).
DESNOYERS (Auguste-Gaspard-Louis-Boucher).

Section V. — *Composition musicale.*

Méhul (Étienne-Nicolas).
Gossec (François-Joseph).
De Monsigny (Pierre-Alexandre).
Chérubini (Marie-Louis-Charles-Zénobi-Salvador).
Læsueur (Jean-François).
Berton (Henri-Montan).

SECRÉTAIRE PERPÉTUEL.

Quatremère-de-Quincy (Antoine-Chrysostôme).

ACADÉMICIENS LIBRES.

Le comte de Vaublanc (

Le comte de Blacas (

Le comte de VAUDREUIL (

.

Le comte de PRADEL (

.

CASTELLAN (Antoine-Laurent).

Le comte de TURPIN-CRISSÉ (

Le comte de CHOISEUL-GOUFFIER (Marie-Gabriel-Florent-Auguste).

GOIS, père (Étienne-Pierre-Adrien).

Le comte de FORBIN (Louis-Nicolas-Philippe-Auguste).

Le vicomte de SENONNES (Alexandre-de LAMOTE).

ASSOCIÉS ÉTRANGERS.

CANOVA, à Rome.

APPIANI, à Milan.

MORGHEN, à Florence.

WEST, à Londres.

SALIERI, à Vienne.

....

....

....

CORRESPONDANS.

GIROUST, à Lunéville, *Meurthe*.

BLAISE, à Poissy, *Seine-et-Oise*.

RENAUD, à Marseille, *Bouches-du-Rhône*.

COMBES, à Bordeaux, *Gironde*.

CRUCY, à Nantes, *Loire-Inférieure*.

BLAZE, à Cavaillon, *Vaucluse*.

MAUDUIT-LARIVE, à Montlignon, *Seine-et-Oise*.

BONNET-BEAUVAL, à Limoges, *Haute-Vienne*.

CARELLI, à Naples.

REICHARDT, à Berlin.

RÉGA, à Naples.

FABRE, à Florence.

ZINGARELLI, à Rome.

DEROSSI, à Rome.

OMMEGANCK, à Anvers.

ROSASPINA, à Bologne.

LE PECHEUX, à Turin.

Le comte MIOT DE MÉLITO, à

LETHIÈRE, à

THIBAULT, à

MANLICH, à Munich.

MOITTE, à Saint-Germain-en-Laye, *Seine-et-Oise.*

FIORILLO, à Gœttingen.

ANTOLINI, à Milan.

CHORON, à Caen, *Calvados*, et à Paris, à l'Opéra.

LANDON, à Morangis, et à Paris, rue de Verneuil, n° 30.

Le chevalier CICOGNARA, à Venise.

VERDIER, à Lisbonne.

LACOUR, à Bordeaux, *Gironde*.

JAY, à Grenoble, *Isère*.

Le chevalier ARTAUD, à Rome.

ROUSSEAU, à Clermont, *Puy-deDôme*.

THÉVENIN, à Rome.

Commission du Dictionnaire de la langue des Beaux-Arts, confirmée par l'Ordonnance du Roi du 9 juillet 1816.

Messieurs,

DUFOURNY,
Le chevalier VISCONTI,
QUATREMÈRE-DE-QUINCY, secrétaire perpétuel,
LEMOT,
MÉHUL.

Commission pour administrer les propriétés et fonds particuliers de l'Académie.

Messieurs,

Lemot,
Dufourny,
Et les Membres composant le Bureau.

Commission centrale administrative pour les dépenses communes aux quatre Académies, conformément à l'article 5 de l'Ordonnance du Roi du 21 mars 1816.

Messieurs,

RAYNOUARD......... Le comte DARU......	pour l'Académie française.
DAUNOU............ VANDERBOURG.......	pour l'Académie Royale des Inscrip. et Bell. Let.
LE LIÈVRE.......... BURCKHARDT.........	pour l'Académie Royale des Sciences
DUFOURNY........... BERVIC.............	pour l'Académie Royale des B. Arts.

NOTA. Ces commissaires seront élus chacun pour un an, et seront toujours rééligibles.

Commission de Conservation.

Messieurs,

De Prony, pour les machines.

Charles, pour les instrumens de physique.

Deyeux, pour les instrumens de chimie.

Sage, pour la minéralogie.

Le chevalier Cuvier, pour les préparations anatomiques.

M........., pour les costumes, armes, médailles, et monumens antiques.

LISTE,

PAR ORDRE ALPHABÉTIQUE,

DES MEMBRES

ET DES ASSOCIÉS ÉTRANGERS

DES QUATRE

ACADÉMIES ROYALES

DE L'INSTITUT.

LE ROI, PROTECTEUR.

A

ABEL-REMUSAT (Jean-Pierre), rue des Fossés-Saint-Germain-des-Prés, n° 4.

Le comte d'AGUESSEAU (G. O. C. ✱) (C. ✱) (Henri-Cardin-Jean-Baptiste), rue du Paradis, Faubourg Poissonnière, n° 27.

Aignan (Étienne), rue Saint-Roch, n° 11.

Ampère ✳ (André-Marie), cour du Commerce, n° 19.

Andrieux ✳ (François-Guillaume-Jean-Stanislas), Collége de France, place Cambrai.

Appiani, à Milan.

Arago (François-Jean-Dominique), à l'Observatoire.

Auger ✳ (Louis-Simon), rue Joubert, n° 24.

B

Le chevalier Banks, à Londres, Soho-Squarre.

Baour-Lormian (Pierre-Marie-François-Louis), rue Ste.-Anne, n° 67.

Le comte Barbé-Marbois (G. C. ✳), (François), rue de Grenelle, Faubourg Saint-Germain, n° 87.

BARBIÉ DU BOCAGE ✻ (Jean-Denis), rue des Saints-Pères, n° 38.

DE BEAUSSET (Louis-François), évêque d'Alais, rue Saint-Dominique, Faubourg Saint-Germain, n° 78.

BEAUTEMPS-BEAUPRÉ ✻ (Charles-François), rue de Louis-le-Grand, n° 21.

Le baron de BEAUVOIS ✻ (Ambroise-Marie-François-Joseph PALISOT, rue Saint-Louis, au Marais, n° 58.

BERNARDI ✻ (Joseph-Elzéar-Dominique), rue de Chabanais, n° 6.

Le comte BERTHOLLET (G. ✻) (Claude-Louis), rue d'Enfer, n° 18.

BERTON ✻ (Henri-Montan, rue Vivienne, n° 16.

BERVIC, Jean-Guillaume-Balvay), rue de Grenelle-Saint-Honoré, n° 47.

L'abbé de BÉTENCOURT (

Le comte BIGOT DE PRÉAMENEU (G. ✻)

(Félix-Julien-Jean), rue de Varennes, n° 17.

Biot ✻ (Jean-Baptiste), Collége de France, place Cambrai.

Le comte de Blacas d'Aulps (

Boissonade ✻ (Jean-François), rue Hauteville, n° 35.

Le comte Boissy-d'Anglas (G. ✻) (François-Antoine), rue de Choiseul, n° 13.

De Bonald ✻ ( ), rue Palatine, n° 5.

Bonnard (Jacques-Charles), rue du Faubourg-Saint-Honoré, n° 29.

Bosc (Louis-Augustin-Guillaume), rue des Maçons-Sorbonne, n° 15.

Bosio (François), pavillon des Quatre-Nations.

Bouvard ✻ (Alexis), à l'Observatoire.

Le duc de Brancas-Lauraguais (

), rue Traversière-Saint-Honoré, n° 45.

BREGUET (Abraham-Louis), quai de l'Horloge, n° 79.

Dom BRIAL ✻ (Michel-Jean-Joseph), rue Servandoni, n° 25.

BROCHANT DEVILLIERS (André-Jean-Marie, rue Saint-Dominique, n° 71, Faubourg Saint-Germain.

BRONGNIART ✻ (Alexandre), rue Saint-Dominique, faubourg Saint-Germain, n° 71.

BUACHE ✻ (Jean-Nicolas), rue Guénégaud, n° 18.

BURCKHARDT (Jean-Charles), à l'École militaire.

C

CAMPENON ✻ (Vincent), rue Duphot, n° 17.

CANOVA, à Rome.

Le comte de CASSINI ✻ (Jean-Dominique), rue de Grenelle, faubourg Saint-Germain, n° 35.

CARTELLIER ✻ (Pierre), rue de la Fidélité, n° 6, Faubourg Saint-Martin.

CASTELLAN (Antoine-Laurent), rue des Saints-Pères, n° 38.

CAUCHY (Augustin-Louis), au palais du Luxembourg.

CAUSSIN ✻ (Jean-Jacques-Antoine), collége de France, place Cambrai.

Le comte de CESSAC (G. C. ✻) (Jean-Gérard LACUÉE), rue de l'Université, n° 72.

Le comte CHAPTAL (G. ✻) (Jean-Antoine), rue Saint-Dominique, n° 70, faubourg Saint-Germain.

CHARLES (Jacques-Alexandre-César), aux Quatre-Nations.

Le vicomte de CHATEAUBRIAND ✻ (François-Auguste), rue de l'Université, n° 25.

CHÉRUBINI ✻ (Marie-Louis-Charles-Zénobi-Salvador), à l'Académie Royale de Chants, rue Bergère, n° 19.

DE CHÉZY ✻ (Antoine-Léonard), Collége de France, place Cambrai.

Le comte de CHOISEUL-GOUFFIER ✻ (Marie-Gabriel-Florent-Auguste), rue

CLAVIER ✻ (Étienne), rue du Grand-Chantier, n° 8, au Marais.

Le baron COQUEBERT DE MONTBRET ✻ (Charles-Étienne), rue Saint-Dominique, n° 71, Faubourg Saint-Germain.

Le baron de CORVISART (O. ✻) (Jean-Louis), rue Saint-Dominique, faubourg Saint-Germain, n° 87.

Le marquis de CUBIÈRES ✻ (Simon-Louis-Pierre), aux écuries du Roi.

Le chevalier CUVIER ✻ (George-Léopold-Chrétien-Frédéric-Dagobert), au jardin du Roi.

D

DACIER (O. ✻) (Bon-Joseph), rue de Colbert, n° 4.

S. A. Em. Charles baron DALBERG.

Messire DAMBRAY (G. O. C. ✻) (Charles-Henri), chancelier de France, place de Vendôme.

Le comte DARU (G. C. ✻) (Pierre-Antoine-Bruno), rue de Grenelle, faubourg Saint-Germain, n° 81.

DAUNOU ✻ (Pierre-Claude-François), rue de Ménil-Montant, n° 22.

Le baron DÉGÉRANDO (O. ✻) (Joseph-Marie), Impasse-Férou, près la rue Fér u, n° 7.

DE JOUY (Joseph-Étienne), rue des Trois-Frères, n° 11.

Le chevalier DELAMBRE ✻ (Jean-Baptiste-Joseph), rue du Dragon, n° 10.

Le baron DENON (O. ✻) (Dominique-Vivant), quai Voltaire, n° 5.

DESCHAMPS ✻ (Joseph-François-Louis), à l'hôpital de la Charité.

DE SÈZE (G. O. C. ✻) (Raymond), rue des Quatre-Fils, au Marais, n° 20.

DESFONTAINES ✻ (René), au jardin du Roi.

DESNOYERS (Auguste-Gaspard-Louis-Boucher), rue de Touraine, n° 9, près l'École de Médecine.

DEYEUX ✻ (Nicolas), rue de Tournon, n° 8.

DUFOURNY (Léon), rue de l'Université, n° 10.

DUMÉRIL (André-Marie-Constant), rue du Faubourg-Poissonnière, n° 3.

DUPATY (Louis-Marie-Charles-Henri-Mercier), rue Gaillon, n° 15.

DUPONT (de Nemours) ✻ (Pierre-Samuel), rue de Suresne, faubourg Saint-Honoré, n° 23.

DUVAL (Amaury), rue du vieux-Colombier, n° 26.

DUVAL PINEU (Alexandre-Vincent), à l'Odéon.

DUVIVIER (Pierre-Simon-Benjamin), rue des Champs-Élysées, n° 3.

E

ÉMÉRIC-DAVID ✻ (Toussaint-Bernard); rue de l'Arcade, n° 23.

F

FAURIS DE SAINT-VINCENT ✻ (

Le comte FERRAND ✻ (rue d'Enfer-Saint-Michel, n° 32.

FONTAINE ✻ (Pierre-François-Léonard), rue de l'Oratoire, n° 4.

Le comte de FONTANES (C. ✻) (Louis), rue de la Chaussée d'Antin, n° 36.

Le comte de FORBIN ✻ (Louis-Nicolas-Philippe-Auguste), rue du Mont-Thabor, n° 19.

Le comte FRANÇOIS DE NEUFCHATEAU (G. ✵) (Nicolas), rue du Faubourg Poissonnière, n° 93.

G

GAIL ✵ (Jean-Baptiste), au collège de France, place Cambrai.

Le comte GARNIER (C. ✵) (Germain), rue de la Rochefoucauld, n° 6.

GARNIER ( ) à la Sorbonne.

GAY-LUSSAC ✵ (Louis-Joseph), rue d'Enfer, n° 67.

Le chev. GEOFFROY-SAINT-HILAIRE ✵ (Étienne), au jardin du Roi.

GÉRARD ✵ (François-Pascal-Simon), rue Saint-Germain-des-Prés, n° 6.

GILLET DE LAUMONT ✵ (François-Pierre-Nicolas), rue de Verneuil, n° 51.

GIRARD ✵ (Pierre-Simon), rue des Quatre Fils, n° 8.

Girodet-Trioson ✲ (Anne-Louis), rue Neuve Saint-Augustin, n° 55.

Gois, père (Étienne-Pierre-Adrien), pavillon des Quatre-Nations.

Gondoin ✲ (Jacques), rue de Tournon, n° 12.

Gossec ✲ (François-Joseph), rue de Gramont, n° 22.

Gossellin (O. ✲) (Paschal-François-Joseph), rue et arcade Colbert, n° 6.

Gros ✲ (Antoine-Jean), rue des Fossés-Saint-Germain-des-Prés, n° 14.

Guérin ✲ (Pierre-Narcisse), rue de Bourbon, n° 79.

H

Le chevalier Hallé ✲ (Jean-Noël), rue Pierre-Sarrasin, n° 10.

Hauy ✲ (René-Just), au jardin du Roi.

Héron de Villefosse (Antoine-Marie), rue du Faubourg-Montmartre, n° 6.

Herschel, à Londres.

HEURTIER (Jean-François), île Saint-Louis, quai d'Anjou, n° 3.

Le chevalier HOUDON ✻ (Jean-Antoine), pavillon des Quatre-Nations.

Le baron A. de HUMBOLDT, à Berlin, et à Paris, quai Malaquais, n° 3.

HUZARD (Jean-Baptiste), rue de l'Éperon Saint-André-des-Arcs, n° 7.

J

JEFFERSON, à Philadelphie.

JENNER, à Londres.

JEUFFROY (Romain-Vincent), rue du Puits qui parle, n° 4.

De JUSSIEU ✻ (Antoine-Laurent), au jardin du Roi.

K

KLAPROTH, à Berlin.

L

LABILLARDIÈRE (Jacques-Julien), rue d'Enfer Saint-Michel, n° 7.

Le comte DE LA BORDE ✱ (Alexandre-Louis-Joseph), rue d'Artois, n° 28.

Le comte de LACÉPÈDE (G. C. ✱) (Bernard-Germain-Étienne), rue de Verneuil, n° 26.

LACRETELLE l'aîné (Pierre-Louis), rue de Louis-le-Grand, n° 24.

LACRETELLE ✱ (Charles), rue Notre-Dame des Victoires, n° 14.

LACROIX ✱ (Sylvestre-François), rue de Vaugirard, n° 58.

LAINÉ ✱ ( ), au ministère de l'intérieur.

Le comte de LALLY-TOLENDAL ( ), grande rue Verte, n° 8.

Le chevalier de LAMARCK ✱ (Jean-Baptiste-Pierre-Antoine-Demonet), au jardin du Roi.

LANGLÈS (Louis-Matthieu), à la Bibliothèque du Roi, rue Neuve des Petits-Champs, n° 12.

LE comte LANJUINAIS (C. ✻) (Jean-Denis), rue du Bac, n° 34.

Le comte LAPLACE (G. ✻) (Pierre-Simon), rue de Vaugirard, n° 51.

LATREILLE (Pierre-André), au jardin du Roi.

LAURENT, marquis de VILLEDEUIL, (Pierre-Charles), rue Neuve du Luxembourg, n° 25.

LE BARBIER (Jean-Jacques-François), quai des Augustins, n° 55.

Le duc de PLAISANCE (G. C. ✻) (Charles-François LE BRUN), rue de Varennes, faubourg Saint-Germain, n° 37.

LE COMTE (Félix), pavillon des Quatre-Nations.

Le chevalier LEFÈVRE-GINEAU ✻ (Louis), collège de France, place Cambrai.

LE FRANÇAIS-LALANDE (Michel-Jean-Jérôme), rue de la Harpe, n° 102.

LEGENDRE ✻ (Adrien-Marie), rue Saint-Dominique, faubourg Saint-Germain, n° 29.

LELIÈVRE ✻ (Claude-Hugues), rue Palatine, près Saint-Sulpice, n° 5.

LEMERCIER (Népomucène-Louis), rue Neuve des Mathurins, n° 7.

LEMOT ✻ (François-Frédéric), rue Mazarine, n° 44.

Le baron de LESSERT (
rue Coq-Héron, n° 3.

LESUEUR ✻ (Jean-François), rue Sainte-Anne, n° 18.

LETRONNE (Antoine-Jean), rue des Petits-Augustins, n° 14.

LEVÊQUE DE POUILLY (

Le duc de LEVIS (
rue de l'Université, n° 74.

M

Le maréchal duc de RAGUSE (C. ✠) (G. C. ✻), rue du faubourg Saint-Honoré, n° 49.

Le baron MAURICE (Jean-Frédéric-Théodore), rue de Bourbon, n° 55.

MÉHUL ✻ (Étienne-Nicolas), rue des Petites Écuries du Roi, n° 48.

MESSIER ✻ (Charles), rue des Mathurins, hôtel de Clugny, n° 14.

MEYNIER (Charles), à la Sorbonne.

Le chevalier MILLIN ✻ (Aubin-Louis), à la Bibliothèque du Roi, rue Neuve des Petits-Champs, n° 12.

MICHAUD ✻ (Joseph), rue Villedot, n° 8.

MIRBEL (Charles-François BRISSEAU), rue Guénégaud, n° 29.

MOLARD ✻ (Claude-Pierre), au Conservatoire des Arts et Métiers, rue Saint-Martin.

MOLLEVAUT (Charles-Louis), boulevard Montmartre, n° 14.

De MONSIGNY ✻ (Pierre-Alexandre), rue du faubourg Saint-Martin, n° 188.

L'abbé de MONTESQUIOU ( ), rue du faubourg Saint-Honoré, n° 85.

MORELLET (O. ✻) (André), rue d'Anjou Saint-Honoré, n° 27.

MORGHEN, à Florence.

N

Le duc de NOAILLES ✻ ( ) rue Saint-Honoré, n° 337.

P

PARSEVAL-GRANDMAISON ✻ (François-Auguste), rue Mondovi, n° 4.

Le comte PASTORET (C. ✱) (Claude-Emmanuel-Joseph-Pierre), place Louis XV, n° 6.

Le chevalier PELLETAN ✱ (Philippe-Jean), rue Saint-Christophe, parvis Notre-Dame, n° 10.

PERCIER (Charles), au Louvre.

Le baron PERCY (C. ✱) (Pierre-François), rue des Trois-Pavillons, n° 10, au Marais.

PÉRIER (Jacques-Constantin), rue Sainte-Croix, n° 4, Chaussée-d'Antin.

PETIT-RADEL ✱ (Louis-Charles-François), aux Quatre-Nations.

PEYRE ✱ (Antoine-François), rue des Saints-Pères, n° 38.

PICARD ✱ (Louis-Benoît), rue de Condé, n° 19.

PINEL ✱ (Philippe), à l'hôpital de la Salpétrière.

POINSOT (Louis), rue d'Artois, n° 2.

POISSON ✵ (Siméon-Denis), rue d'Enfer, n° 20.

Le chevalier PORTAL (O. ✵) (Antoine), rue de Condé, n° 12.

POUGENS (Marie-Charles-Joseph), rue du Cherche-Midi, n° 15.

Le comte de PRADEL ( ) aux Tuileries.

DE PRONY (O. ✵) (Gaspard-Clair-François-Marie-Riche), à l'École des Ponts et Chaussées, rue Culture Sainte-Catherine, hôtel Carnavalet.

PROUST ✵ (Joseph-Louis)

PRUD'HON ✵ (Pierre-Paul), à la Sorbonne.

Q

QUATREMÈRE-DE-QUINCY ✵ (Antoine-Chrysostôme), rue de Condé, n° 14.

QUATREMÈRE (Étienne-Marc), rue St.-Denis, n° 45.

R

RAMEY (Claude), à la Sorbonne.

Le baron RAMOND (C. ✳) (Louis-François-Élisabeth), rue Neuve des Mathurins, n° 6.

RAOUL-ROCHETTE (Desiré), pavillon des Quatre-Nations.

RAYNOUARD (O. ✳) (François-Just-Marie), rue Basse, n° 16, à Passy-lès-Paris.

Le chevalier REGNAULT ✳ (Jean-Baptiste), rue Guénégaud, n° 15.

Le baron REINHARD (C. ✳) (Charles), rue du Bac, n° 82.

RENNELL, à Londres.

RICHARD (Louis-Claude), rue des Fossés-Monsieur-le-Prince, n° 18.

Le duc de RICHELIEU ✳ ( ), au ministère des affaires étrangères.

Rochon ✵ (Alexis-Marie), rue de Seine, hôtel de la Rochefoucauld, n° 12.

Rondelet ✵ (Jean), au Panthéon.

Le comte de Roquelaure ✵ (O. ✵) (Jean-Armand), évêque de Senlis, rue Saint-André-des-Arcs, hôtel de Bretagne.

De Rossel ✵ (Élisabeth-Paul-Édouard), rue de Louis-le-Grand, n° 21.

Le comte de Rosily-Mesros ✵ (G. C. ✵) (François-Étienne), rue de Louis-le-Grand, n° 21.

S

Sage (Balthazar-George), hôtel des Monnaies.

Saliéri, à Vienne.

Le baron Sané (O. ✵) (Jacques-Noël), rue d'Hanovre, n° 17.

Schweighaeuser (

Le comte de Ségur (G. C. ✵) (Louis-Philippe), rue Duphot, n° 10.

Le vicomte de SENONNES ✻ (Alexandre de LAMOTE), au musée du Louvre.

L'abbé SICARD ✻ (Roch-Ambroise), à l'Institution des Sourds-Muets, rue du Faubourg Saint-Jacques.

SILVESTRE (Augustin-François), rue de Seine, hôtel de la Rochefoucauld, n° 12.

Le baron SILVESTRE DE SACY (O. ✻) (Antoine-Isaac), rue Haute-Feuille, n° 9.

SUARD (O. ✻) (Jean-Baptiste-Antoine), rue Royale, place Louis XV, n° 13.

T

Le prince de TALLEYRAND (G. C. ✻) (Charles-Maurice), rue Saint-Florentin, hotel de l'Infantado.

TAUNAY (Nicolas-Antoine), rue Neuve Saint-Martin, n° 11.

TESSIER ✻ (Henri-Alexandre), rue des Petits-Augustins, n° 26.

Thénard ✱ (Louis-Jacques), rue de Grenelle, faubourg Saint-Germain, n° 42.

Thouin ✱ (André), au jardin du Roi.

Le comte de Tracy (C. ✱) (Antoine-Louis-Claude Destutt), rue d'Anjou-Saint-Honoré, n° 42.

Tochon d'Annecy (Joseph-François). rue de Caumartin, n° 25.

Le comte de Turpin-Crissé ( ), rue Chantereine, n° 20.

V

Vanderbourg ✱ (Martin-Marie-Charles-Boudens), rue de Louis-le-Grand, n° 21.

Le comte de Vaublanc (G. ✱) ( ), rue de Varennes, n° 11.

Le comte de Vaudreuil ✱ ( ) au Louvre.

Van Spaendonck ✱ (Gérard), au jardin du Roi.

Le chevalier VAUQUELIN ✻ (Nicolas), au jardin du Roi.

VERNET ✻ (Carle) (Antoine-Charles-Horace), rue de Bourbon, n° 34.

VILLAR ✻ (Gabriel), rue de Bourbon, n° 101.

Le chevalier VISCONTI ✻ (Ennius-Quirinus), quai Malaquais, n° 1.

Le comte VOLNEY (C. ✻) (Constantin-François), rue de la Rochefoucauld, n° 11.

Le comte VOLTA, à Pavie.

W

WALCKENAER ✻ (Charles-Athanase), rue du faubourg Poissonnière, n° 87.

WATT, à Londres.

WERNER, à Freyberg, en Saxe.

WEST, à Londres.

WILDFORT, à Calcutta.

WILKINS (Charles), à Hertford.

WYTTENBACH (Daniel), à Leyde.

Y

YVART (Jean-Augustin-Victor), rue des Filles-Saint-Thomas, n° 21.

Bibliothèque.

CHARLES, bibliothécaire.
FEUILLET, adjoint au bibliothécaire.
BOULANGER, sous-bibliothécaire.

Agence.

LUCAS, agent.
LUCAS fils, adjoint à son père.

Secrétariat.

CARDOT, chef des bureaux du secrétariat.

Imprimeur.

Firmin DIDOT.

www.ingramcontent.com/pod-product-compliance
Ingram Content Group UK Ltd.
Pitfield, Milton Keynes, MK11 3LW, UK
UKHW020346230726
13925UKWH00003B/991